Karl-Heinz Pritzl

Fränkische Bierküche

Ausgewählte Rezepte eines fränkischen Bierbrauers

Bibliografische Information der Deutschen Nationalbibliothek
Die Deutsche Nationalbibliothek verzeichnet diese Publikation in der Deutschen Nationalbibliografie; detaillierte bibliografische Daten sind im Internet über http://portal.dnb.de abrufbar.

1. Auflage Mai 2017

info@spurbuch.de; www.spurbuch.de
Layout und Umschlaggestaltung: Anke von Schalscha-Ehrenfeld
Ausführung: pth-mediaberatung GmbH, Würzburg

ISBN 978-3-88778-505-5

Inhaltsverzeichnis

Rezepte

Die Rezepte wurden erstellt von Karl-Heinz Pritzl, Geschäftsführer der KAUZEN BRÄU

Eine lange Geschichte mit Tradition

Über 200 Jahre KAUZEN BRÄU

Die Geschichte unserer KAUZEN BRÄU beginnt 1809 mit der Ehemannschen Brauerei. Damals gründet Karl Ehemann die Brauerei im Ochsenfurter Kastenhof und findet in einer – vom Weinanbau geprägten Gegend – schnell Abnehmer.

In dem Lehrling Johann Jacob Gehring entdeckt der Brauereibesitzer nicht nur einen jungen Mann, der beim Brauen echtes Können an den Tag legt, sondern auch seinen potentiellen Nachfolger. Einige Zeit nach seiner Ausbildung pachtet Johann Jacob Gehring zunächst die Brauerei des kinderlosen Ehepaares und kauft sie schließlich komplett. Mit großem Fleiß und Talent lenkt er die Geschicke des Unternehmens einige Jahrzehnte – in einer Zeit, in der das Bierbrauen ein hartes Geschäft und noch reines Handwerk war.

Johann Jacob Gehring

Jedoch muss der neue Inhaber auch Rückschläge hinnehmen. Ein schlimmer Brand in der Nachbarschaft greift im Jahr 1865 auf die Brauereigebäude im Kastenhof über und beschädigt sie schwer. Dieser Großbrand in der Brauerei kann den Erfolg jedoch nicht aufhalten – mit viel Einsatz sichert Johann Jacob Gehring das Bestehen der Brauerei. Erst zum Ende des Jahrhunderts beginnt die Industrialisierung mit ihren technischen Errungenschaften, die auch den Brauereien viele Verbesserungen bringen. Mit den wegweisenden Entdeckungen und Erfindungen beispielsweise von Louis Pasteuer (Gärung), Carl von Linde im Jahr 1876 (elektrische Kühlung) und Carl Benz (Automobil) wird im Brauereiwesen eine neue Epoche eingeläutet. Nun kann auch im Sommer gebraut und die Auslieferung des Bieres räumlich ausgedehnt werden.

Das Brauerhandwerk ist harte Arbeit

Der Gehringsche Betrieb floriert. Die Qualität des Bieres ist – auch in den mittlerweile viel größeren produzierten Mengen – konstant gut und findet in der Region immer mehr Freunde. Die Ochsenfurter „Gehring-Brauerei", wie sie damals hieß, führt mittlerweile Johann Jacobs Sohn Heinrich Gehring.

1880 zeigt Heinrich Gehring einmal mehr unternehmerischen Weitblick: **Er wird Gründungsmitglied des Bayerischen Brauerbundes.** Er weiß: „Gemeinsam macht man kleine Dinge groß – mit Zwietracht wird man sie wieder los!"

DER KAUZ ALS SINNBILD FRÄNKISCHER GASTFREUNDSCHAFT

Namensgeber für die Traditionsbrauerei

„EINEN KAUZEN TRINKEN" war schon am Anfang des 17. Jahrhunderts ein Zeichen großer Gastfreundschaft. Der damalige Domherr zu Würzburg, Konrad Ludwig von Zobel, stiftete 1611 der Stadt Ochsenfurt das erste silberne Trinkgefäß in Form eines Kauzes und verordnete, dieses Gefäß in geselligen Runden künftig zu verwenden.

Seither repräsentiert das sympathische Symbol die fränkische Gastfreundschaft und Lebensfreude. Die Ochsenfurter KAUZEN BRÄU hat es in der jüngeren Firmengeschichte übernommen, ein Stück Heimat mit der guten alten Tradition des Bierbrauens in dem Namen KAUZEN BRÄU zu vereinen. Weil KAUZEN Bock und das KÄUZLE Pils schon in den 50er und 60er Jahren in aller Munde waren und maßgeblich den Bekanntheitsgrad und Aufschwung der Brauerei bestimmten, wurde aus der Ochsenfurter Klosterbrauerei im Jahr 1974 die Ochsenfurter KAUZEN BRÄU.

Und er beginnt den Betrieb weiter auszubauen. An der Uffenheimer Straße, dem heutigen Standort der KAUZEN-Bräu, entstehen 1892 zunächst ein neuer Lagerkeller, später ein Sudhaus sowie ein Maschinenhaus. Aufgrund der geographischen Nähe zu einem Kloster nennt **Heinrich Gehring die Brauerei jetzt Klosterbräu.**

1919 übergibt Heinrich Gehring die Brauerei an seine beiden Söhne Hans und Karl. Die kurze Zeit später beginnende Inflation, zunehmende Arbeitslosigkeit und die allgemeine Wirtschaftskrise machen ihnen das Geschäft schwer. 1935 schließlich installieren sie eine neue Abfüllanlage für Fass- und Flaschenbier, erweitern den Gärkeller und legen die ersten Stahl-Lagertanks ein.

Bereits 1903 wurden in Berlin unsere Biere mit dem höchsten Preis ausgezeichnet.

„Wächter des bayerischen Reinheitsgebotes" – 500-Jahre-Ausstellung in München: Jacob (li.) und Karl-Heinz Pritzl vor dem Wächter-Bild

1936 stirbt Hans Gehring und Karl wird alleiniger Inhaber des Unternehmens. Noch während des Zweiten Weltkriegs baut er ein neues Wohnhaus sowie Lagerhallen. Die Brauerei hat sich mittlerweile zu einem angesehenen, mittelständischen Brauereibetrieb entwickelt.

1944 muss Karl Gehring wiederum einen Schicksalsschlag verkraften. Sein Sohn Karl-Heinz, der seine Nachfolge in der Brauerei antreten sollte, fällt in Polen. Aber auch Karl Gehring und seine Frau überleben den Krieg nicht. Ihre Tochter Cläre Gehring übernimmt 1945 den Brauereibetrieb, der unter Treuhänderschaft steht, und lenkt das Unternehmen durch die ersten schweren Nachkriegsjahre.

Die Brauerfamilie anlässlich der 200-Jahr-Feier. V. l.: Jacob Pritzl, Stefanie Pritzl, Franzisca Pritzl, Karl-Heinz und Beate Pritzl.

Wir sind immer einen Schritt voraus

Cläre Gehring heiratet – und ihr Mann, Dr. Heinz Pritzl, übernimmt 1950 die Leitung des Unternehmens. Die Brauerei wird in den folgenden Jahrzehnten kontinuierlich modernisiert und neu gebaut, die Bierproduktion wird weiter automatisiert und der Ausstoß deutlich gesteigert. Auch neue Sorten wie der KAUZEN Bock und das KÄUZLE Pils finden großen Anklang. In der Region steht der Name KAUZEN inzwischen längst für schmackhaftes Bier von bester Qualität. Seit 1981 wird auch Weißbier gebraut. In Bayern zählt die KAUZEN Bräu zu den modernsten Privatbrauereien. Im Jahr 1995 tritt Dr. Heinz Pritzls ältester Sohn Karl-Heinz, der heutige Geschäftsführer, in die Unternehmensleitung ein.

Über 200 Jahre Tradition

Auch heute, über 200 Jahre nach ihrer Gründung, besteht die KAUZEN BRÄU noch immer als eigenständiger Familienbetrieb und hat eine stabile Marktposition inne. Für diesen dauerhaften Erfolg haben alle Inhaber und Mitarbeiter an hart gearbeitet. Wir engagieren uns jeden Tag für die hervorragende Qualität und den unnachahmlichen Geschmack des KAUZEN-Bieres und der Libella-Markengetränke. Ständige Innovationen und regelmäßige Modernisierung im Betrieb sowie ein gutes Gespür für Trends sollen auch in Zukunft den Unternehmenserfolg fortschreiben.

Als Mitglied der Wertegemeinschaft „Deutsche Brau-Kooperation – Die Freien Brauer" und der Gemeinschaft „Mainfranken Bier" fühlen wir uns unserer Heimat und den Menschen in der Region verbunden. Wir pflegen langjährige Geschäftsbeziehungen und erhalten unsere Rohstoffe aus der Umgebung. Auch in den nächsten Jahren wollen wir uns als regionale Brauerei behaupten.

sympathisch – fränkisch – ausgezeichnet

Höchste Qualität

IST DES GOLDES WERT!

Die hohe Produktqualität schätzen nicht nur unsere Kunden, auch die Deutsche Landwirtschaftsgesellschaft (DLG) hat der KAUZEN BRÄU zum wiederholten Mal den „Preis der Besten in Gold" verliehen. Diese Leistungsmedaille erhalten nur wenige Brauereien.

2016 erhielt die Brauerei erneut vier Goldmedaillen der DLG. Besonders stolz ist die KAUZEN BRÄU auf die fast regelmäßigen Goldmedaillen der Monde-Selection Belgien, die das Unternehmen seit fast 100 Jahren erhält. Entscheidende Faktoren für die unabhängigen Tester sind unter anderem der reine Geschmack unserer Biere, die Qualität des Hopfenaromas, die Vollmundigkeit und die Frische.

Gemüse in Bierteig mit Kräutersoße

Zutaten:

250 g Mehl
0,1–0,2 l KAUZEN Weissbier Dunkel
1 EL Olivenöl
2 Eigelb
2 Eiweiß
Sauerrahm mit frischen gehackten Kräutern
Salz und Zitronensaft zum Abschmecken
Gemüse nach Saison kochen

Zubereitung:

1. Das Mehl mit dem KAUZEN Weissbier Dunkel zu einem dicken Teig verrühren.
2. Eigelb, Salz und Olivenöl beifügen und das geschlagene Eiweiß unterziehen. Das Gemüse durch den Teig ziehen und in heißem Fett goldbraun backen.
3. Mit Kräutersoße servieren.

Dazu passen KAUZEN Weissbier Dunkel und KAUZEN Original 1809.

Krustenbraten

Zutaten:

1 kg Schweinsbrust, mager, ohne Knochen
½ l KAUZEN Original 1809
Knoblauch, gehackt
Kümmel, ganz
Salz, Pfeffer

Zubereitung:

1. Die Schweinsbrust mit der Schwarte nach unten in einen Bräter legen und ca. 1 cm mit Wasser auffüllen.
2. Die Brust mit Kümmel, Salz und viel Knoblauch gut würzen, im Backofen bei 220 °C braten, bis die Brust schön braun ist. Darauf achten, dass die Schwarte nicht festklebt.
3. Nach ca. 40 Minuten die Brust umdrehen und die Schwarte längs und quer einschneiden. Nun immer das Bier zum Aufgießen verwenden. Wenn die Schwarte hellbraun ist, etwas salzen und fertig braten (ca. 1,5 Stunden bei 130 °C).
4. Den Braten warm stellen (nicht zudecken) und den Bratensaft nochmals mit Bier gut verkochen. Mit Knoblauch, Salz und Kümmel abschmecken und evtl. mit Stärke binden (wenn Sie Kartoffeln mitbraten, benötigen Sie keine Stärke mehr).
5. Die Brust aufschneiden und mit Krautsalat und Knödel servieren.
6. Am besten immer etwas mehr einbraten, weil der Krustenbraten auch im kalten Zustand ein Genuss ist.

Dazu empfehle ich ein frisches KAUZEN Original 1809.

Filetspitzen mit Pfifferlingen in dunkler Weißbiersoße

Zutaten:

ca. 750 g Schweine- bzw. Rinderfilet
Olivenöl
2 Gläser Pfifferlinge à 135 Gramm
1 Zitrone
1 Bund Frühlingszwiebeln
2 Spitzpaprika
300 g Creme fraiche
½ Knolle Ingwer
1 Knoblauchzehe
2–3 Zweige Thymian
2–3 Zweige Rosmarin
½ l KAUZEN Weissbier Dunkel
Gewürze: Pfeffer, Salz, Paprika,
Ital. Kräutermischung, Chilisalz,
Chiliflocken

Zubereitung:

1. Filet in Streifen schneiden mit Salz, Pfeffer, Paprika und Chiliflocken würzen. Pfifferlinge abtropfen lassen, mit Küchentuch vorsichtig trocknen. Frühlingszwiebeln aufschneiden, ebenso die Spitzpaprika; 2–3 Stücke aus der Ingwerknolle schneiden, die Außenhaut entfernen.
2. Thymian und Rosmarin abzupfen (ca. 2–3 Zweige).
3. Filetstreifen in Olivenöl anbraten. Wenn fertig, auf einen Teller geben und in der Backröhre bei 80 °C stehen lassen.
4. Jetzt in der Pfanne Frühlingszwiebeln, Thymian, Rosmarin, Spitzpaprika und Ingwer (Ingwer vor dem Servieren entfernen!) anschwitzen und das Ganze mit KAUZEN Weissbier Dunkel aufgießen und eindicken lassen. Bei leicht sämiger Konsistenz die Creme fraiche und Pfifferlinge unterziehen. Soße abschmecken (Zitrone und Gewürze nach Bedarf zugeben) und Filetspitzen mit Fleischsaft einrühren. Bei leichter Hitze gut verrühren, abschmecken – fertig!

→ **Beilagentipp:** Als Beilage empfehle ich frisches Baguette, eventuell Reis oder Kartoffen. Ein Feldsalat mit knackigen Radischen rundet das Ganze ab.

MEIN BIER TIPP

Dazu empfehle ich ein kühles KAUZEN Weissbier Dunkel.

Weißbiergulasch mit Kloß und Blaukraut

Zutaten:

1 kg Schweinerücken, in Würfel geschnitten
1 Glas Löwensenf scharf
2 Zwiebeln
1 Karotte
1 kleines Stück Sellerie
2 kleine Kartoffeln
1 Orange
1 Becher Creme fraiche
Paprika- oder Chili-Pulver
Salz und Pfeffer
Olivenöl
2 Flaschen KAUZEN Weissbier Hell
500 g fertigen Kloßteig
1 Glas Blaukraut
1 kleiner Apfel

Zubereitung:

1. 1 kg Schweinerücken würfeln (nicht zu klein schneiden ca. 1,5 cm, da das Schwein etwas eingeht). Mit Senf marinieren – ich empfehle Löwensenf scharf. Mit Paprikapulver (eventuell Chili-Pulver nach Geschmack), Salz und Pfeffer würzen und in Olivenöl anbraten.
2. Den Topf vom Herd nehmen, zwei Zwiebeln schälen, halbieren, klein schneiden und zu dem angebratenen Fleisch zugeben, ebenso die Karotte und den Sellerie, jeweils klein geschnitten. Die rohen Kartoffeln schälen, in kleine Scheiben schneiden und ebenfalls dazugeben.
3. Das ganze verrühren, eine halbe Orange ausdrücken, etwas Schale abreiben und ebenfalls dazugeben. Jetzt mit zwei Flaschen KAUZEN Weissbier H ell aufgießen und 1 Stunde kochen lassen, eventuell – falls die Eindickung schneller geht – etwas Wasser nachgießen.
4. Nach ca. einer Stunde einen Becher Creme fraiche dazugeben und unterheben, abschmecken und je nach Konsistenz etwas Bier oder Kochsahne aufgießen.

→ **Beilagentipp:** 500 g fertigen Kloßteig (ergibt ca. 10 kleine Klöße) verarbeiten. Nach Möglichkeit mit etwas Zwiebelcroutons füllen (eine klein geschnittene Zwiebel, etwas klein geschnittenes altes Weißbrot oder Brötchen in Butter rösten), dazu Rotkraut (auch aus dem Glas) und einen klein geschnittenen Apfel mit einen Schuss Wein aufkochen.

Dazu empfehle ich ein KAUZEN Weissbier Hell.

Hähnchen in Biersoße

Zutaten:

4 Hähnchenkeulen
4 Brustfilets mit Haut
Olivenöl
8 Schalotten, feingehackt
100 g Champignons, in Streifen geschnitten
100 g geräucherter Bauchspeck
1 EL Petersilie
400 ml KAUZEN Kellerbier
Salz, Pfeffer

Zubereitung:

1. Die Hähnchenkeulen und Brustfilets salzen und pfeffern und mit dem Bauchspeck in Olivenöl anbraten, bis sie etwas Farbe haben.
2. Schalotten und Champignons dazugeben und wenige Minuten mitdünsten. Mit dem Bier ablöschen und 1 Stunde bei niedriger Hitze köcheln lassen oder bei 180 °C in Backofen stellen.

Dazu empfehle ich ein frisches Käuzle.

Fränkisches Dunkelbiergulasch

Zutaten:

1 kg Schweinefleisch aus der Schulter
100 g Butterfett
2 große Zwiebeln, in Scheiben geschnitten
150 g Tomatenmark
Saft einer halben Zitrone
abgeriebene Schale einer halben Zitrone
½ l KAUZEN Alt Fränkisch
½ l Rinderfond
Salz und Pfeffer
4 EL Sauerrahm
etwas Petersilie, feingehackt

Zubereitung:

1. Die Schweineschulter in gleichmäßige Würfel schneiden, das Butterfett in einer Kasserolle erhitzen und das Fleisch darin anbraten.
2. Die Zwiebeln zugeben und mitbraten, bis sie Farbe nehmen. Tomatenmark, Zitronensaft und -schale einrühren und mit Salz und Pfeffer würzen.
3. Mit dem KAUZEN Alt Fränkisch ablöschen und mit Wasser auffüllen. Bei geschlossenem Deckel 60 Minuten schmoren lassen. Falls nötig, mit etwas in kaltem Wasser angerührtem Mondamin binden. Dann Soße bis zur gewünschten Dichte einkochen lassen.
4. Das Gulasch in einer flachen Schüssel anrichten, mit einem Esslöffel den Sauerrahm obenauf klecksen und mit gehackter Petersilie bestreuen.

→ **Beilagentipp:** Salzkartoffeln oder Nudeln und Salat passen als Beilage.

MEIN BIER TIPP

Bei uns trinkt man natürlich ein KAUZEN Alt Fränkisch dazu.

Bierbratwurst

Zutaten:

4 Bratwürste, grob, je 150 g
etwas Mehl
60 g
Butterfett
1 Gemüsezwiebel, in Scheiben geschnitten
1 dl KAUZEN Pils
Salz und Pfeffer

Zubereitung:

1. Die Bratwürste in siedendem Wasser 4 Minuten ziehen lassen, abtropfen, in Mehl wenden und in einer Pfanne in heißem Butterfett von beiden Seiten braten.
2. Die Würste auf eine Platte legen und warm stellen. Die Zwiebelscheiben in das Bratfett geben und goldgelb rösten. Mit dem Bier ablöschen und mit Salz und Pfeffer würzen.
3. Die Zwiebeln über die Bratwürste geben.

→ **Beilagentipp:** Mit kräftigem Brot, z. B. Kümmelbrot und einem frischen KAUZEN Pils eine herzhafte kleine Mahlzeit.

Dazu empfehle ich ein kühles KAUZEN Pils.

Ragout von Edelfischen in Morchel-Bier-Rahmsoße

Zutaten:

300 g Lachsfilet
300 g Seezungenfilet
8 Riesengarnelen ohne Schale
20 g getrocknete Morcheln
½ Zwiebel
¼ l Creme fraiche
¼ l KAUZEN Pils
Olivenöl, Salz und Zitronensaft

Zubereitung:

1. Die Morcheln ca. 3 Stunden in Wasser einweichen und halbieren, das Wasser durch ein feines Sieb gießen.
2. Den Lachs und die Seezunge in 8 Stücke schneiden, mit Salz und Zitronensaft würzen und mit den Riesengarnelen in Olivenöl rasch anbraten.
3. Den Fisch warm stellen und den Bratenrückstand mit Morchelfond, KAUZEN Pils und Sahne aufgießen.
4. Die Soße reduzieren (evtl. mit Stärke leicht binden) und mit Salz abschmecken.
5. Die Morcheln in der Soße weichköcheln, mit dem Fisch servieren.

MEIN BIER TIPP

Ich empfehle das KAUZEN Pils dazu.

Käsebiersuppe

Zutaten:

¾ l Fleischbrühe oder Fond
50 g Butter
30 g Mehl
1 Knoblauchzehe, feingehackt
¼ l KAUZEN Original 1809
100 g geriebener Käse,
vorzugsweise Parmesan
2 dl Sahne
Salz und Pfeffer
1 Scheibe Toastbrot,
gewürfelt und in Butter geröstet
2 EL Petersilie, gehackt

Zubereitung:

1. Die Fleischbrühe erhitzen.
2. Aus Butter, Mehl und der feingehackten Knoblauchzehe eine helle Mehlschwitze bereiten, mit der heißen Fleischbrühe und dem KAUZEN Original 1809 auffüllen und aufkochen lassen.
3. Den geriebenen Käse mit einem Schneebesen einrühren, die Sahne dazugeben und mit Salz und Pfeffer würzen.

→ **Serviertipp:** Die Suppe in vorgewärmte Tassen oder tiefe Teller füllen und mit den Röstbrotwürfeln und der gehackten Petersilie bestreuen.

Dazu empfehle
ich ein frisches KAUZEN Pils.

Osso Bucco mit Thymian-Weißbier-Soße und Rosmarin Kartoffeln

Zutaten:

2 Rinder- oder Kalbsbeinscheiben (600-700 g)
1 frische Knoblauchzehe
400 g Suppengemüse (Sellerie, Karotten, Petersilie, Lauch)
1 kleine Dose Tomatenmarkextrakt
4 Thymian-Zweige
2 Oregano-Zweige
1 Glas Rinderfond
1 Flasche KAUZEN Weissbier Hell (½ l)
Olivenöl und etwas Mehl zum Anbraten
Salz, Pfeffer, Paprika
1 Zwiebel
1 Zitrone
scharfer Senf (Löwensenf)
Balsamicoessig
8 mittelgroße Kartoffeln (neue Ernte)
2 Rosmarin-Zweige

Zubereitung:

1. Rinder- oder Kalbsbeinscheiben würzen und in Mehl wenden, mit Olivenöl knusprig im Bräter anbraten. Die Ränder der Beinscheiben etwas einschneiden, da sich das Fleisch zusammenzieht.
   Wenn eine schöne braune Farbe erreicht ist, aus dem Bräter nehmen.
2. Olivenöl in den Bräter geben, das klein geschnittene Gemüse und die Gewürze anbraten. 2 EL Löwensenf, Tomatenmark und 2 große Spritzer Balsamicoessig mit dem Gemüse im Bräter vermengen und leicht anrösten.
3. Die beiden Beinscheiben wieder in den Bräter legen, mit Gemüse bedecken und mit 0,5 l KAUZEN Weissbier und einem Glas Rinderfond auffüllen. Deckel schließen und 150 Minuten bei 160 °C Umluft im Ofen schmoren lassen. Eventuell mit etwas Wasser oder Rotwein aufgießen (Fleisch muss immer bedeckt sein).
4. In der Zwischenzeit Kartoffeln abwaschen und in Schnitze schneiden mit Olivenöl einpinseln und mit Rosmarin würzen, bei 180 ° C ca. 20 Minuten im Ofen backen. Soße mit Gewürzen nach eigenem Geschmack abschmecken. Osso Bucco mit Soße übergießen.

Dazu empfehle ich einen KAUZEN Bock.

Kabeljau aus dem Ofen auf Bier-Senfsoße

Zutaten:

900 g Kabeljau
⅛ l KAUZEN Premium Pils
¼ l Sahne
50 g Butter
4 EL Mehl
mittelscharfer Senf
Dill
Basilikum
Cocktailtomaten
Kartoffeln

→ Der Kabeljau spielt seit Jahrhunderten bei den Südeuropäern (vor allem bei Spaniern und Portugiesen) eine ähnliche Rolle wie bei uns Mitteleuropäern der Hering.

→ Die Bier-Senf-Kombination passt ideal zum Fisch.

Zubereitung:

1. Die Gräten aus dem Kabeljau entfernen, auf der Hautseite in Öl anbraten, etwas Butter hinzufügen, mit KAUZEN Pils ablöschen und bei 200 °C im vorgeheizten Backofen 8 bis 10 Minuten garen.
2. Den Fond mit Sahne auffüllen, reduzieren und mit etwas Mehl abbinden.
3. Mit Salz, Pfeffer, Senf und Dill abschmecken und mit Salzkartoffeln und Salat anrichten.

Dazu empfehle
ich ein KAUZEN Helles Landbier.

Menu

Karpfen in Weißbiersoße

Zutaten:

1 Karpfen
1 Bund Suppengrün
20 g Butter
1 EL blättrig geschnittene Mandeln
2 Zwiebeln
1 Lorbeerblatt
jeweils 2 Zitronenscheiben
Nelken
jeweils 4 Pfefferkörner, Pimentkörner
½ l KAUZEN Weissbier Dunkel
100 g Lebkuchen
50 g Rosinen
Saft einer halben Zitrone
Salz

→ Der Karpfen ist der Traditionsfisch der Franken.
Eine Bier-Senf-Kombination passt ideal zu diesem Fisch.

Zubereitung:

1. Den Lebkuchen klein schneiden und mit ½ l KAUZEN Weissbier Dunkel übergießen. Das Suppengrün putzen und ebenso wie die Zwiebeln in kleine Würfel schneiden.
2. In der Butter anbraten, die Gewürze, den eingeweichten Lebkuchen und die Rosinen zufügen, das restliche Bier angießen und ca. 20 Minuten schwach köcheln lassen.
3. Den Karpfen in den Sud legen, zugedeckt etwa 30 Minuten bei leichter Hitze garen lassen. Den Karpfen herausnehmen und warm stellen.
4. Die Soße mit etwas Zitronensaft, Salz und Pfeffer abschmecken.

→ **Beilagentipp:** Petersilien- oder Salzkartoffeln, Gemüsebeilagen und frische Salate.

MEIN BIER TIPP

Zum Gericht
passt unser herrliches
KAUZEN Weissbier Dunkel.

Hähnchenbrust in Bier-Gemüse-Soße

Zutaten:

4 Hähnchenbrustfilets
2 Zwiebeln
2 Karotten
1 Stück Sellerie (ca. 50 g)
1 Stück Petersilienwurzel
1 Stange Lauch
2–3 Zweige Estragon
2–3 Zweige Oregano
2–3 Zweige Rosmarin
ca. 15–20 grüne Pfefferkörner
500 ml KAUZEN Original 1809
200 ml Hühnerfond
1 Salzmühle Chili-Salz
1 Packung Bandnudeln
150 ml Creme legère
1 Flasche Olivenöl oder
Butterschmalz zum Anbraten

Zubereitung:

1. Gemüse kleinschneiden, Kräuter abzupfen. Die Hähnchenbrust scharf anbraten bis sie leicht braun ist, dann aus dem Bräter nehmen und abdecken.

2. Gemüse in den Bräter geben, leicht anrösten (ständig rühren), dann mit KAUZEN Original 1809 und Hühnerfond ablöschen (Hitze reduzieren). Hähnchenbrust auf das kochende Gemüse legen. Bei Bedarf Flüssigkeit nachgießen.
   Kochzeit ca. 30 Minuten (bis die Flüssigkeit auf die gewünschte Soßenmenge und Konsistenz eingedampft ist).

3. In der Zwischenzeit Nudeln kochen. Dann Brater vom Herd nehmen, Filets herausnehmen, 1 Portion Creme legère (150 ml) einrühren, aufkochen lassen bis die Soße die gewünschte Sämigkeit erreicht hat, dann mit Chili-Salz abschmecken. Filets und Nudeln damit übergießen und servieren.

→ **Serviertipp:** Hähnchenbrustfilets aufschneiden, Nudeln mit einer Gabel zu Nestern drehen! Guten Appetit!

Dazu passt
eine frisches
KAUZEN Original 1809.

Miesmuscheln in Biersoße

Zutaten:

2 kg Miesmuscheln
3 Stangensellerie
2 Zwiebeln
3 EL Olivenöl
3 Knoblauchzehen
½ l KÄUZLE Urhell
150 g Creme fraiche
Salz, Pfeffer
Olivenöl
Schwarzer Pfeffer aus der Mühle
1 Bund glatte Petersilie

Zubereitung:

1. Die Muscheln gründlich waschen, abbürsten und geöffnete Muscheln aussortieren.
2. Die geschälten Zwiebeln hobeln. Selleriestangen in feine Streifen schneiden. Olivenöl in einem großen Topf erhitzen und die Zwiebelringe sowie Selleriescheiben andünsten. Knoblauch schälen und dazu pressen.
3. Die Muscheln in den Topf geben, mit dem Bier aufgießen, aufkochen und zugedeckt ca. 6–8 Minuten kochen, bis sich alle Schalen geöffnet haben. Die Muscheln aus der Schale nehmen und auf einer Platte warm stellen.
4. Biersud durch ein Sieb geben und im offenen Topf bis auf ein Drittel einkochen. Creme fraiche unterrühren, weitere 5 Minuten kochen.
5. Soße mit Pfeffer und Salz abschmecken. Die feingehackte Petersilie in die Soße streuen und gleichmäßig auf die Muscheln verteilen.

Zum Gericht servieren Sie am besten unser feinherbes, würziges KAUZEN Pils.

Fränkisches Schweinefleisch in Weißbier

Zutaten:

Schweinefleisch
Weißer Pfeffer
2 Zwiebeln
1 Sellerie
½ l KAUZEN Weissbier Hell
1 Glas Bratenfond

Zubereitung:

1. Fleisch in Würfel schneiden und in eine Kasserolle geben.
2. Kräftig umbraten, dann Zwiebeln, Sellerie, Bratenfond und KAUZEN Weissbier dazugeben und das Fleisch darin weich dünsten (90 Minuten bei 120 °C).
3. Eventuell mit etwas Stärke eindicken.

→ **Beilagentipp:** Dazu passen Kartoffelsalat und Gemüse oder grüner Salat.

Dazu empfehle ich ein KAUZEN Weissbier Hell.

Himmelreich-Filet

Zutaten:

4 Rinderfilets
2 Knoblauchzehen
1 Zwiebel
1 Sellerieknolle
½ l KÄUZLE Urhell
Majoran
Olivenöl
Salz und Pfeffer
Creme fraiche

Zubereitung:

1. Rinderfilets in Scheiben schneiden und in 0,25 l KÄUZLE Urhell, Pfeffer, Salz und Majoran marinieren.
2. Zwiebeln und Knoblauch gehackt in der Pfanne mit Öl anbraten, Filetstreifen dazugeben und gut braun werden lassen. Mit Bier und Marinade ablöschen.
3. Das Ganze dann 25 Minuten bei 120 °Cgaren lassen.
4. Mit Majoran und Creme fraiche abschmecken.

→ **Beilagentipp:** Dazu passen Brat- oder Butterkartoffeln mit grünem Salat.

Dazu empfehle ich ein KAUZEN Urhell.

Schweinemedaillons im Wirsingmantel in Bier-Rahmsoße

Zutaten:

4 Schweinemedaillons aus dem Filetkopf, je ca. 100 g
4 frische Wirsingblätter, Ø je 20 cm
50 g Butterfett
4 schöne Champignonköpfe
4 Scheiben Kräuterbutter
1 kleine Zwiebel, feingehackt
4 dl KAUZEN Original 1809
2 dl flüssige Sahne
1 TL Mondamin, mit etwas Wasser angerührt
Salz und Pfeffer
Küchengarn zum Binden
3–4 Tomaten (klein) zur Garnitur
150 g Schinken, klein gehackt

Zubereitung:

1. Die Wirsingblätter in kochendem Wasser blanchieren und in kaltem Wasser abschrecken. Den Stielansatz mit der Breitseite des Messers etwas flach drücken und die Blätter beiseite legen.
2. Das Butterfett in einer Kasserolle erhitzen und die mit Salz und Pfeffer gewürzten Schweinemedaillons und den Schinken kurz darin anbraten, herausnehmen und abkühlen lassen. Die Wirsingblätter auf der Arbeitsfläche ausbreiten. Je ein Medaillon, eine Scheibe Kräuterbutter und einen geputzten Champignonkopf so in ein Wirsingblatt einschlagen, dass ein kleiner Krautwickel entsteht.
3. Die Krautwickel mit Küchengarn binden, in die heiße Kasserolle setzen und mit der gehackten Zwiebel etwas andünsten. KAUZEN Original und Sahne angießen, Deckel auflegen und das Ganze auf kleiner Flamme ca. 5 Minuten garen. Die Medaillons auf einer vorgewärmten Platte anrichten. Bitte nicht vergessen, vorher das Küchengarn zu entfernen!
4. Die Soße falls nötig mit Mondamin binden, abschmecken und über die Medaillons gießen. Mit kleinen Minitomaten garnieren.

→ **Beilagentipp:** Ein feines Rahmpüree ist eine ideale Ergänzung zu diesem „Überraschungspäckchen".

MEIN BIER TIPP

Dazu passt am besten ein frisches KAUZEN Weissbier Hell.

Bœuf à la Bière

Zutaten:

1 kg Rindfleisch
2 EL Mehl
2 Flaschen Käuzle Urhell
Salz und Pfeffer
150 g Bauchfleisch (durchwachsener geräucherter Speck)
300 g Zwiebeln bzw. Scharlotten
3 Knoblauchzehen
300 g Karotten
2 EL Tomatenmark
1 Becher Creme fraiche legère
etwas Petersilie
Kräuter der Provence, Rosmarin
2 Lorbeerblätter
1 kleines Glas Rinderfond
2 EL geriebenen Meerrettich

Zubereitung:

1. Das geräucherte Bauchfleisch in kleine Würfel, Rindfleisch in große Würfel schneiden, zusammen in heißem Olivenöl rundherum kräftig anbraten (am besten in einem gusseisernen Brater). Dabei Zwiebeln und Knoblauch zugeben, etwas Mehl über das Fleisch streuen.

2. Wenn es schön braun ist, mit KÄUZLE Urhell ablöschen, 2 EL Tomatenmark zugeben und umrühren. Mit KÄUZLE Urhell begießen, Gewürze Salz, Pfeffer und Kräuter der Provence zugeben und den geschlossenen Topf ca. 1 Stunde auf geringer Stufe schmoren lassen.

3. Die geputzten Karotten dazugeben und weitere 90 Minuten schmoren lassen – immer wieder mit KÄUZLE Urhell und Rinderfond aufgießen.

4. Nach insgesamt 150 Minuten die Flüssigkeit so eindampfen, dass eine sämige Soße entsteht. Creme fraiche legère und 2 EL Meerrettich unterrühren und mit Petersilie bestreuen. Fertig!

→ **Beilagentipp:** Ich empfehle Nudeln, Kartoffeln oder einfach ein frisches Baguette.

Am besten schmeckt hierzu ein KÄUZLE Urhell.

Känzle
Urhell
Känzle
Urhell
SEIT 1809
Känzle
Urhell

Fränkischer Sauerbraten

Zutaten:

750 g Rindfleisch
(aus der Oberschale, ohne Knochen)

Für die Marinade:

2 Zwiebeln
2 Knoblauchzehen
1 Bund Suppengrün
5 Wacholderbeeren
15 Pfefferkörner
2 Lorbeerblätter
250 ml Weißweinessig
0,4 l KAUZEN Hefe Weissbier
3 EL Olivenöl
50 g Pumpernickel
Salz und Chilisalz

Beilagen:

1 Pack. Kloßteig
1 Glas Rotkohl
1 Glas Preiselbeeren

Zubereitung:

1. Rindfleisch waschen und trocken tupfen.
2. Für die Marinade Zwiebeln abziehen, Sellerie, Möhren und Lauch putzen, waschen und alles klein schneiden. Gemüse mit Gewürze , Essig und Weissbier verrühren und aufkochen.
3. Marinade leicht abkühlen lassen und über das Fleisch gießen und diese zugedeckt 1–2 Tage im Kühlschrank ruhen lassen, dabei das Fleisch ab und zu wenden.
4. Fleisch aus der Marinade nehmen und trocken tupfen. Die Marinade durch ein Sieb auffangen, Gemüse beiseite stellen.
5. In erhitztem Öl das Fleisch von allen Seiten kräftig anbraten, mit Salz und Pfeffer würzen, Gemüse zufügen und kurz mitbraten, Marinade angießen und 20 Minuten schmoren lassen. Kurz vor Ende der Garzeit Pumpernickel oder Soßenlebkuchen fein zerkleinern und in die Soße rühren.
6. Rotkohl und Klöße nach Packungsanweisung zubereiten
7. Das gegarte Fleisch aus der Soße nehmen und zugedeckt ca. 10 Minuten ruhen lassen. Den Bratensatz mit dem Gemüse durch ein Sieb streichen, erhitzen und mit Salz und Pfeffer abschmecken.
8. Fleisch in Scheiben schneiden, mit Knödeln, Rotkohl, Soße und Preiselbeeren anrichten und servieren.

**Meine Bier-Empfehlung:
Ein kühles KÄUZLE Urhell.**

Jubel-Roulade mit fränkischen Bandnudeln und Brokkoli

Zutaten:

4 Rinderrouladen
150 g Rinderhack
2–3 Zwiebeln, fein gehackt
ca. 50 g Semmelbrösel
1 Ei
1 Pack Feta Käse, in Scheiben
1 Glas Löwensenf (scharf)
50 g roher Schinken (in Würfel geschnitten)
1 Bund frischer Schnittlauch, fein gehackt
200 ml Rinderfond oder gekörnte Brühe
1 Becher Creme fraiche
 mit Kräutern
1 Zitrone
2 Flaschen KAUZEN Kellerbier
Gewürze: roter Paprika,
 schwarzer Pfeffer, Salz,
 Kräuter der Provence
1 Packung fränkische
 Bandnudeln
1 kleine Packung Brokkoli

Zubereitung:

1. 150 g Rinderhackfleisch mit 1 Ei, Zwiebeln, rohen Schinken, Semmelbrösel, 0,1 l KAUZEN Kellerbier, gewürzt nach Geschmack mit rotem Paprika, schwarzem Pfeffer, Kräutern der Provence und kleingehacktem Schnittlauch sowie etwas Salz anrühren und kneten bis eine feste Füllung entsteht.
2. Die 4 Rouladen innen leicht mit Löwensenf bestreichen und jeweils mit 1/4 der vorhandenen Fülle sowie 2 kleinen Feta-Scheiben füllen.
3. Mit 2 Zahnstochern verschließen. Rouladen auch außen mit Senf bestreichen und in einem Bräter mit Olivenöl anbraten (2–3 Minuten). Dann herausnehmen und 1 Flasche KAUZEN Kellerbier mit den klein gehackten Zwiebeln und dem Rinderfond in den Bräter gießen.
4. Die Rouladen in den Bräter zurücklegen und ca. 1,5 Stunden auf niedriger Flamme köcheln lassen. Bei Bedarf mit KAUZEN Kellerbier nachgießen. Am Ende der Kochzeit die Creme fraiche unter die Soße ziehen. Eventuell die Soße mit etwas Mondamin andicken. Mit Salz, Zitrone, Paprika und Pfeffer abschmecken. Fertig!

→ **Beilagentipp:** 500 g Nudeln ca. 8–10 Minuten in kochendem Wasser erhitzen (etwas Salz ins Wasser geben). Brokkoli mit etwas Butter im Topf erhitzen.

Dazu passt
ein frisches KAUZEN
Kellerbier.